Lobgesänge 2021

Frieder Löhrer

Bibliografische Information der Deutschen Nationalbibliothek:
Die Deutsche Nationalbibliothek verzeichnet diese Publikation
in der Deutschen Nationalbibliografie; detaillierte
bibliografische Daten sind im Internet über http://dnb.dnb.de
abrufbar.

Herstellung und Verlag: BoD – Books on Demand,
Norderstedt

ISBN: 978-3-7526-0522-8

VORWORT

Welch einen Segen ich erfahren durfte.

Nach meiner Krise, mit Aufenthalten in Kliniken traf ich meinen Bruder und Rabbi Yuval Lapide. Ein feuriger Mensch, beseelt vom Wirken Gottes.

Er hielt eine Seminarwoche in St Michael, oberhalb von Matrei am Brenner, zu den Psalmen Davids, den Tehillim. Mit Auslegungen aus den Wurzeln der Bibel, aus jüdischem Verständnis.

Im Rahmen dieses erhellenden Diskurses forderte Yuval Lapide seine Schüler dazu auf, eigene Psalmen zu schreiben.

Dieser Impuls war für mich die Anregung zu einer neuen Aufgabe, das Festhalten von Gedanken, die aus mir kommen, in Lobgesängen niederzuschreiben.

Meine Vorstellung geht dahin, jedes Jahr einen Band mit 12 Lobgesängen zu erstellen.

Ich hoffe, dies für die kommenden 25 Jahre angehen und umsetzen zu dürfen. Daher soll jeder Einband in einer Teilfarbe des Regenbogens ein Zeichen setzen. In Summe wird er dann vielleicht vor uns stehen. Sichtbar als Zeichen des Bundes.

Möge mir dies vergönnt sein. Zur höheren Ehre Adonais.

Auf jeden Lobgesang folgt eine freie Seite für Deine Notizen. Hier kannst Du Deine eigenen Erlebnisse nach dem Impuls im Laufe des Monats oder auch später festhalten. Was Du als Sentiments empfindest, welche Assoziationen ausgelöst wurden, welche Reflexionen aus einem Gespräch sich ergaben oder auch welches weitere Sinnen mit Deinen Sinnen Du erlebt hast.

So wird der Lobgesang 2021 am Ende des Jahres Dein Lobgesang sein. So soll und wird es sein.

LOBGESANG 1

Der Chormeister hebt an, singend für sich,
der Chor hörbar zueinander,
die Holzbläser hörbar.

Adonai, ein Jahr beginnt.

Nach unserer Zeitzählung und nach unserer Zeitordnung.

Es ist unser Rhythmus, den wir nach DEINER Sonne festgelegt haben.

Von Sonnenstand zu Sonnenstand, von kürzestem Tag zu kürzestem Tag.

Als Sinnbild des ewigen Werdens, das Rad, das sich dreht. Unser Bild vom Jahreslauf. Unsere Vorstellung von Zeit.

Daran orientieren wir uns, danach zählen wir die Jahre.

Danach denken wir auch in Neuanfang.

Eine mögliche Umkehr zu uns.

Und wie dann zu DIR? Wo bleibst DU in unserem Denken?

Begleite uns in unserem Jahr und sei uns nah.

Stärke uns in unserem Tun und mache uns sicher.

Führe uns in unseren Sorgen und stehe uns bei.

Sei DU unser Licht, sei DU unser Kompass, sei DU unser Beistand.

DU, unser Adonai, das Jahr beginnt.

DU unser Adonai, die Umkehr wollen wir ein Stück weit wagen. Im Vertrauen.

Begleite, stärke und führe uns durch dieses Jahr, Adonai.

Dein Sentiment, Deine Assoziation, Deine Reflexion, Dein Sinnen:

LOBGESANG 2

Der Wortleiter hebt an, murmelnd für sich,
der Chor laut zurufend zueinander,
die Blechbläser für sich still hörbar.

Elohim, DU, DU sagst, nicht mache dir Schnitzgebild!
Bert, der Brechtige sagt, Ich mache einen Entwurf von ihm,
und sorge, dass er ihm ähnlich wird.
Er löst es auf: der Mensch.
Sprich, sag: Dürfen wir in Bildern denken, reden, handeln?
Oder sagst DU, Ewiger: Schau genau hin!
Das Leben! Nicht das Foto! Das Original! Nicht die Kopie!
Das bewegt Bewegende! Nicht der Schnappschuss.
DU willst, dass wir mit DIR reden, mit DIR ringen,
mit DIR streiten, mit DIR verschlungen murmeln.
Eifernd strafend die Schnitzgebildanbeter,
barmherzig haltend die verschlungenen Murmler.
Von den Tribünen, von den Rängen, von den Sitzen auf das
offene Feld, in DEINE Natur, in DEINEN Ruach.
Wir müssen uns von den irdischen Schnitzmarken brechen,
ent-brechtigen den Entwurf!
Hinwerfen uns in das Jetzt, DEINES Jetzt, uns stellen DIR!
Fordere uns! Eifernd haltend.
Der ich sehe, höre, fühle,
DICH, DU, DEIN,
gehalten, aufgerichtet, ausgerichtet,
fühle, höre, sehe.
Unvergleichlich, ausgleichlich, ganz.

Dein Sentiment, Deine Assoziation, Deine Reflexion, Dein
Sinnen:

LOBGESANG 3

Der Klanggruppenleiter hebt an, laut zurufend,
der Chor singend miteinander,
Streicher, Holzbläser, Blechbläser, Schlagwerk laut
unüberhörbar.

Dein Wirken, Adonai, weckt das Leben,
alles, Tiere und Pflanzen, fühlen DEINEN Lebensstrom.
DU durchziehst alles mit DEINER überschäumenden
Lebensfreude.
DU durchkämmst alles mit DEINEM wirbelnden
Lebensbraus,
DU überstrahlst alles mit DEINER feurigen Lebenskraft.
Endlos und endlos, ohne Zeit und Raum, ist DEIN Wirken,
Grenzenlos verströmst DU DEINE Kraft, DEINE Energie,
DEINE Herzensliebe.
Alles kommt in Bewegung, das Herz, der Geist, der Bauch.
Lust auf Leben und Liebe, Lust auf Sinnen und Fühlen, Lust
auf Nähe und Wärme.
DU bringst uns in Bewegung wie das kleinste Atom. DU
regst uns an zu Kettenreaktionen und Verschmelzungen.
Und alles ohne Risiko und Nebenwirkung, ohne Anspruch
und Erwartung.
Überlaufendes Füllhorn Deiner Liebe.
Wir nehmen es an, DU Beschenker und Spender.
Dank sei DIR, Adonai!

Dein Sentiment, Deine Assoziation, Deine Reflexion, Dein Sinnen:

Der Chormeister hebt an, murmelnd,
der Chor murmelnd miteinander,
die Streicher hörbar für sich.

Freiheit DEINEN Geschöpfen geschenkt,
freie Entscheidung, für und gegen,
freie Wege, in alle Richtungen,
freie Zeit, so oder so zu leben,
freie Wahl, mit, wie, wo, überhaupt.
Unsere Bewährungsprobe, DEIN Geschenk.
Danke Adonai für DEINE Entscheidung,
Danke Adonai für DEINE Wege und Richtungen,
Danke für DEINE Zeit und DEINE Wahl.
DEIN Geschenk, unsere Bewährungsprobe.
Was erwartest DU?
Das wir das Geschenk annehmen?
Das wir es von DIR annehmen?
Das wir annehmen, dass es DICH gibt?
DU, Adonai, erwartest nichts davon.
DU, Adonai,
Freiheit DEINEN Geschöpfen geschenkt.
Auch diese Freiheit zur Entscheidung.
DEINE Größe, unfassbar unseren Sinne:
Freiheit DEINEN Geschöpfen geschenkt.
Unfassbar. Unfassbar. Unglaublich. Unfassbar.
DEIN beschämter, kleiner Denker und Beter.

Dein Sentiment, Deine Assoziation, Deine Reflexion, Dein Sinnen:

LOBGESANG 5

Der Chormeister hebt an, murmelnd,
der Chor murmelnd miteinander,
das Schlagwerk laut unüberhörbar.

Mein Herzkranz krampft, aus Angst, aus Sorge, aus Starre.
Hörst DU unser Rufen? Hören wir DEINEN Ruf?
Leise, zart, gehaucht.
Die Krankheit lungert um uns, sie will lungernd in die
Lunge. Die Luft wird eng, das Herz …
Wer jetzt sagt, DU Eiferer schickst Warnungen zur Sinnung,
der wird abgestempelt als besinnungslos gestrig.
Schweigen und Verstummung, sich beugen,
der Ratio, des menschlichen Verstandes,
dem Diktat der Wisser.
Und DU? Flüsterst, leise murmelnd, sagst:
Lebt in Frieden und seid ganz,
mit Euch, Euren Nächsten, Euren Mitmenschen,
mit den Tieren, den Pflanzen, dem Wasser,
mit den Rohstoffen, den Räumen, der Zeit.
Mit dem Euch geschenkten Leben!
Als Gärtner und verantwortungsvolle Verwalter.
Dann entkrampft DEIN Herzkranz.
Höre meinen Ruf an DICH und DEINEN Namen.
Steh' auf, steh' für mich ein, steh' für das Leben.
Mein Geschenk an DICH und alles Leben.
Habe verstanden, mein Adonai. Dank sei DIR,
Amen!

Dein Sentiment, Deine Assoziation, Deine Reflexion, Dein Sinnen:

Der Chormeister hebt an, murmelnd für sich,
der Chor murmelt miteinander,
die Holzbläser, still hörbar.

Adonai, mein Herr,
wo ist der Klang DEINER Amsel?
Ich vermisse seit vierzehn Tagen ihren Ruf,
ihr tschiss-tschiss-eh, tschiss-tschiss-ah,
aufsteigend DICH lobend, DICH preisend, DICH ehrend.
Ist sie verstummt?
Für immer?
Ist sie verzogen? Gewandert? Gewandelt?
Ihren Klang, ihren Ruf, ihre gesungene Lebensfreude,
die vermisse ich.
Denn sie schenkte mir Freude,
rührte mich, berührte mich, beruhigte mich.
Werde ich sie je wieder hören?
Sinnend über DEINE Amsel, was verlieren wir?
Uns? DICH? Unseren heißen Draht?
Ist die Stille DEIN Weckruf?
Sie, ihr Lied, ihr Ruf,
als lebendiges Lebenszeichen DEINER Lebendigkeit
ruft mich ins Jetzt zum Hören des Liedes und Hier zum
Sehen.
DEINE Güte Adonai reicht weit, mein Herr.

Dein Sentiment, Deine Assoziation, Deine Reflexion, Dein Sinnen:

LOBGESANG 7

Der Wortmeister hebt an, laut sprechend,
der Chor singend miteinander,
das Schlagwerk laut unüberhörbar.

Elohim, heute ist nicht mein Tag
und darum preise ich DICH.
Der Tag begann mit Nicht-Frühstück,
Vergessens des Stabs,
ich zähle es nicht auf.
DU schenktest mir den Weg, den langen, durch einen Wald,
ein Grenzweg, einen Weg über einen Kamm, über einen
Grat.
Ein Weg, der mich zur Ruhe gebracht hat.
Ich danke DIR für DEINE Kraft, durch die DU mir die Ruhe
gegeben hast,
danke DIR für DEINE Geduld mit meiner Ungeduld und
Wibbeligkeit.
Ich danke DIR für das zur Ruhe kommen.
Gepriesen seist du Elohim, DEIN in Frieden sein.
Schöpfer des Friedens aus der Irrsal und Wirrsal.
Gepriesen seist DU Elohim.

Dein Sentiment, Deine Assoziation, Deine Reflexion, Dein Sinnen:

LOBGESANG 8

Der Chorleiter hebt an, sprechend,
der Chor murmelnd miteinander,
die Streiche hörbar für sich.
Schlagwerk teilweise laut unüberhörbar.

Haben wir uns verloren? Ist das Band gerissen? Sind wir losgerissen, ohne Sinne hilflos suchend?

Sag, sprich, schrei, sind wir ungebunden irrende Planeten?

Sing, sprechsingend, brüllkrächzend, sind wir aus der Bahn geworfen?

Adonai, hörst DU uns? Hörst DU mich? Hörst DU?

Stille und Schweigen, atemlos lauschend, die Augen schließend.

Wo ist das lose Band, das wir greifen können, wenn wir denn wollen?

Wo ist der Mut, dazu zustehen, dass DU wirkst?

Jetzt! Mit aller Nicht-Macht!

Wo Himmlung und Erdung wir verloren, wir uns verloren haben.

An Fleisch und Mammon, an Fern und Morgen, an was eigentlich?

Wer traut es sich zu sagen, DU hast uns zur Befriedung Corona gesandt?

Warum solltest DU so eine Plage uns schicken, DU, der DU das Leben willst?

Ist es DEIN Weckruf, den wir hören, der aber nicht von DIR kommen darf, weil es DICH nicht geben darf?

Verzweiflung Adonai, ist doch unser Trieb zur Erkenntnis. DEIN Geschenk an unser Menschsein.

Selbst DEINE Diener trauen es sich nicht, laut zu sagen. Sie fürchten den Aufschrei der Korrekten mehr als DICH und DEIN Wirken.

Niederfallen, vor DIR, im Nah und Heute.

DEIN Segen lasse unser Antlitz leuchten, DEINE Gegenwart strahlen, unser Band fassen.

Dank sei DEINER Gnade, Adonai, Bandhalter, Lebensnerv, Nabelfabelband.

DEIN Ruach hat mich zum Band geführt. Dank sei DEINER Gnade, Adonai!

Dein Sentiment, Deine Assoziation, Deine Reflexion, Dein Sinnen:

Der Chorgruppenleiter hebt an, führt sprechend,
der Chor singt hörbar laut,
die Blechbläser hörbar laut.

Hören wir DICH? DEINE Botschaft!
Sehen wir DICH? DEINE Impressionen!
Empfinden wir DICH? DEINE Nahwärme!
Glauben wir, alles erklären zu können,
ohne DICH darin zu hören, zu sehen, zu empfinden?
Was war und ist für uns der Flüchtlingsstrom?
Was war und ist für uns die Schweinepest?
Was Corona, was der Eichenprozessionsspinner?
Was unsere Welt, unsere Natur, unser Klima?
Wir sind in der Oder-Falle!
Naturwissenschaft oder Glauben,
Naturgemacht oder menschengemacht.
Sollen wir wirklich die Erde zahlreich wie die Sterne am
Himmel bevölkern?
Oder haben wir DICH hier miss-verstanden?
Hilflos geworden, sprachlos, mutlos.
Hilf uns Adonai, mit DEINEM Rufen,
mit DEINEM Schauen, mit DEINER Berührung.
Wecke uns auf!
Bitte! Bitte! Bitte! Herr, Adonai, unser Elohim!

Dein Sentiment, Deine Assoziation, Deine Reflexion, Dein Sinnen:

.

Der Chormeister hebt an, und die Solisten singend hörbar
laut,
    der Chor singend miteinander hörbar laut,
    das Orchester laut unüberhörbar.

    DU, Elohim, brausender Ruach,
    DU durchflutest und reinigst,
    DU durchpustest und räumst.
    DU durchschüttelst und weckst.
    Äste und Laub, gealtert,
    Atem verbraucht, entsauert,
    gärendes durchwühlt.
    DU hauchst nicht ein,
    DU durchflutest, durchschüttelst, durchpustest,
    uns, alles in uns, unsere Welt.
    DU urwirbelst uns,
    Weckruf für Wieder-Werden.
    Lebensstrom Elohim, DIR unser Dank!
    Komm Elohim, brausender Ruach,
    durchflute und reinige, uns,
    durchpuste und räume, mich,
    durchschüttle und wecke, DEINE Welt.
    Immer wieder,
    Wieder-Werden.
    Amen!

Dein Sentiment, Deine Assoziation, Deine Reflexion, Dein Sinnen:

Der Chormeister hebt an, sprechend für sich,
der Chor zurufend zueinander,
die Holzbläser hörbar zueinander.

Es ist das elfte Lied in diesem Zyklus,
die eins und die eins. Und doch nicht zwei.
Dennoch DU und ich, im Dialog, dann doch zwei.
DU bist so groß, meine Eins so klein.
Doch DU machst keinen Unterschied zwischen kleinem
Eins und großem Eins. Es ist Eins.
Auch wenn Zwei.
Ohne mein anderes Eins wäre ich gar keins.
All-ein ist schlimmer als allein. Einsam, vereinsamt.
Die Stimmung wie der Monat, trüb und die Endlichkeit
ahnend.
Das ist nur die Stimmung, die uns ereilt, wenn wir nicht in
DIR ruhen.
Es ist die Zeit der Heilung, des zu uns kommen, durch die
auch äußere Ruhe, die DU über unsere Welt legst.
DEIN Plan schenkt uns DEINE Liebe in Irrsal und Wirrsal,
im Frühling des Aufbrechens wie im Herbst des
Zurruhekommens.
DU beschenkst uns und wir nehmen es an. Als freudige
Menschen in DEINEM großen Königreich.
Nicht wissend, manchmal ahnend, innerlich fühlend.
Dank sei DIR Elohim, Dank sei DIR Adonai, Dank sei DIR
Schöpfer, Ewiger.

Dein Sentiment, Deine Assoziation, Deine Reflexion, Dein Sinnen:

Der Chorleiter hebt an, singend, laut zurufend
der Chor laut zurufend miteinander,
das Schlagwerk und die Blechbläser laut singend.

Warum erwarten wir bestimmtes Wetter, bestimmte Feste, bestimmte Worte?

Warum sind wir immer durch die Erwartung im Gleich und weniger im Jetzt?

Wollen wir uns schützen? Wollen wir es unter Kontrolle bringen? Wollen wir Herr sein?

DU stellst uns anspruchsvolle Aufgaben!

Unser Leben ist Freude und Aufgabe, Genuss und Anstrengung, Anforderung und Gnade.

Im Alltag, jeden Tag, fast nie anders als so sind unsere Gedanken und Gefühle.

Unser Herz und unser Verstand wie auch unser Bauch sind nicht in der Lage und auch nicht willens, dies zu verspüren.

Heute nun, wo sich die zwölf rundet, die Stämme DEINES Volkes, die Monde unseres Jahres, die Dutzend-Zahl, Duze ich DICH, Allmächtiger.

So nah bist Du mir, so nah bin ich DIR.

Einen Augenblick, einen Herzschlag, eine Schweigepause bin ich im Jetzt und lasse diesen Raumzeitmoment wirken.

Welche Kraft liegt darin als Hintergrundrauschen DEINER Wirkkraft, DEINES Feuers, DEINER endlosen Gnade.

Herr Adonai, ich freue mich auf das kommende.

DEIN Messiastum, DEIN Messiasreich, DEIN Messiasheil.

Dein Sentiment, Deine Assoziation, Deine Reflexion, Dein Sinnen: